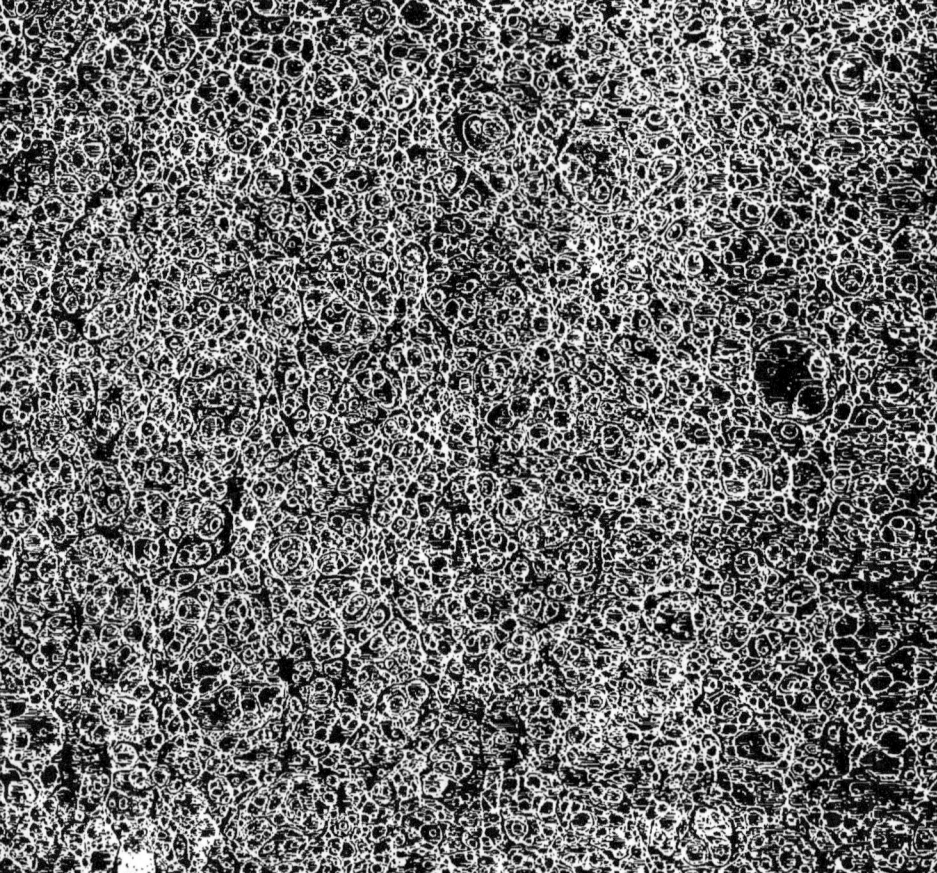

LiR 1739

I

RECHERCHES HISTORIQUES

SUR

LES LIBERTÉS ET FRANCHISES

DE LA VILLE

DE CHALON-SUR-SAONE,

par

LÉOPOLD NIÈPCE,

JUGE SUPPLÉANT, PRÉSIDENT DE LA SOCIÉTÉ D'HISTOIRE ET D'ARCHÉOLOGIE
DE CHALON-SUR-SAÔNE, MEMBRE DE LA SOCIÉTÉ ÉDUENNE.

Cùm singularibus et nobilioribus privilegiis utantur.
BOERIUS, in 3 part. Tract: Nobilit., N° 40.

CHALON-S.-S.,

IMPRIMERIE ET LITHOGRAPHIE DE J. DEJUSSIEU.

1846.

RECHERCHES HISTORIQUES

SUR

LES LIBERTÉS ET FRANCHISES

DE LA VILLE

DE CHALON-SUR-SAONE.[1]

***

> *Cùm singularibus et nobilioribus privilegiis utantur.*
> BOERIUS, in 3 part. Tract: Nobilit., N° 40.

Une même loi régit aujourd'hui toute la France : cette loi, émanée des pouvoirs de l'état, sanctionnée par l'autorité royale, est obligatoire pour tous, commune à tous, aux citoyens comme aux villes. Non seulement la nouvelle législation a effacé les inégalités sociales, mais elle a établi pour tous les mêmes droits et les mêmes devoirs, et l'infraction à la loi générale est réprimée par la même loi pénale.

Il n'en était pas ainsi, on le sait, avant 1790. Alors, il y avait inégalité dans la position sociale des membres de la famille française, et les villes jouissaient, comme les citoyens, de droits et d'avantages diffé-

---

[1] Ces notes sont tirées d'un ouvrage que prépare l'auteur sur ce sujet.

rents, consacrés par le temps, par la volonté royale ou le pouvoir des autorités dont ils relevaient. Ces priviléges étaient dûs quelquefois au bon plaisir du souverain, mais plus souvent à sa faiblesse; presque toujours ils avaient été le prix d'une fidélité chancelante dans un moment difficile.

Mais maintenant que notre antique constitution s'est écroulée dans la tempête, et qu'il n'en subsiste plus qu'un petit nombre de ruines éparses sur le sol, il n'est pas sans intérêt de les étudier, et de jeter un coup-d'œil rétrospectif sur le passé. J'ai cru surtout qu'il serait d'une haute importance de rechercher quelles ont été les immunités et les franchises de notre ville, si peu étudiées jusqu'à ce jour.

Pour l'intelligence de ces recherches, il faudrait, au préalable, reconstruire tout l'édifice de la constitution de notre cité; mais ce travail ne saurait entrer dans le cadre étroit d'une notice. Il nous suffira donc de dire que cette constitution n'a pas été écrite par le même législateur, sanctionnée par le même souverain, ni octroyée le même jour aux citoyens dont elle fut la loi. Elle a été l'œuvre du temps, elle a été faite selon le besoin et le progrès des siècles, et à mesure du développement et de la marche des idées.

Cette constitution ne fut pas non plus une charte unique, un Codex ou recueil raisonné et méthodique des droits et des devoirs de chacun; nos pères codifiaient peu; chaque période séculaire voyait naître de nouveaux droits, de nouveaux usages, de nouvelles coutumes; on les observait, on les suivait religieusement, jusqu'au moment où, tombés en désuétude, ils étaient remplacés par d'autres; mais ils ne formèrent jamais un recueil complet, ni un livre dont chaque page fût une loi.

Il faudrait aussi, pour faire un travail complet sur cette matière, tracer un tableau de notre cité, dans lequel on verrait comment, dans le cours de chaque siècle, se gouvernait la ville, de quel souverain elle relevait, quelles autorités s'y partageaient le pouvoir, quelle fut sa magistrature et quelles furent ses diverses juridictions. Il faudrait encore montrer les luttes incessantes entre l'autorité civile et religieuse, les empiétements de cette dernière sur la première; puis, faire paraître sur la scène ce troisième pouvoir, né du peuple, cette grande puissance du moyen-âge qui surgit tout à coup, la Commune, en un mot. J'aurais à la montrer balançant le pouvoir royal, le dominant même pendant les saturnales de la Révolution, qui la renverse à son tour, à l'instant même où celle-là croit régner seule sur les ruines de son rival.

Mais, je le répète, c'est là une histoire entière à écrire, un livre complet à faire, tandis qu'aujourd'hui il me suffit de dire, pour l'intelligence de cette notice, que Chalon eut, comme la plupart des villes importantes, de nombreux priviléges et de grandes libertés. Ces immunités sont de dates successives; elles furent souvent contestées, souvent menacées par les parties qu'elles lésaient, et elles émanent des divers souverains dont elle fut la vassale. Chalon, on le sait, ville importante dès son origine, fut soumise tour à tour à l'autorité royale et à celle des ducs de Bourgògne, puis rentra sous le pouvoir des rois de France, quand la fortune faillit à la témérité du dernier de ses ducs dans les plaines de Nanci.

Je ne rapporterai pas non plus le texte de ces priviléges, écrit dans beaucoup de livres; je me bornerai à en donner la liste et à l'accompagner de notes inédites, puisées aux archives de la ville et à des sources certaines.

Voici la liste des principaux :

1º Privilége pour l'élection, l'institution et autorité du Gouverneur et Capitaine de la ville.

2º Privilége pour l'élection, l'institution, autorité et juridiction des quatre Échevins.

3º Privilége pour l'élection, institution, autorité et juridiction du Maire, et pour se trouver aux États généraux.

4º Privilége pour l'exemption des tailles.

5º Privilége des foires chaudes et froides.

6º Privilége de tenir en francs-fiefs, nobles, rière-fiefs et en justice de franc-alleu, sans payer finance.

7º Privilége de chasser en tous lieux, finages et

LIBERTÉS ET FRANCHISES DE CHALON.

territoires, seigneuries, justices et juridictions, à la grosse et à la petite bête, aux oiseaux et même aux cailles, avec filets, à trois lieues à la ronde de la ville.

8º Privilége de la pêche des fossés, jusqu'au lieu dit la Colonne.

9º Droit de barrer la rivière en haut et en bas, et d'y mettre des repères.

10º Droit de pêche dans la rivière de Saône, même à la Croix-de-Gigny, et de la mettre en ban.

11º Droit de pêche à la gorge des rivières de Grosne, de Saint-Remy et de Dracy.

12º Droit de MM. les magistrats d'exercer la police dans toute l'étendue de la ville, dans le faubourg de Saint-Laurent et dépendances.

13º Droit de *huitain*.

14º Imposition du *taillon* et droit de lever le *vingtain* sur les cabaretiers.

15º Droit de *ban-vin*.

16º Droit des *quintaines*.

17º Droit de *péage* et de *châtellenie*.

18º Droit de *péage* sur la Saône.

19º Droit d'*octroi*, *exemption* pour les habitants.

DES GOUVERNEURS OU CAPITAINES DE LA VILLE.

Dans les premiers temps, les Gouverneurs et Capitaines de la ville étaient à la nomination des rois de France et des ducs de Bourgogne. Cette charge importante était remplie, soit par les Comtes de Chalon, soit par les Sénéchaux. Elle était révocable à la volonté du souverain ; toutefois, le titulaire ne pouvait être destitué que pour cause de malversation.

Plus tard, cette charge devint temporaire, et il fut permis aux habitants de choisir eux-mêmes leur Capitaine ; toutefois, la provision, l'institution et la confirmation de cette charge, appartenaient au Roi. Le Gouverneur était élu seulement pendant la guerre, et, dès qu'elle cessait, ses fonctions expiraient aussi.

Il partageait son autorité, ainsi que nous le verrons plus tard, avec les quatre Échevins, qui étaient tout à la fois *con-Juges* en la châtellenie royale et *con-Capitaines* de la ville ; ils avaient la garde des clefs, et pourvoyaient à la défense de la cité.

Le premier Capitaine nommé par les habitants, en 1422, fut Girard de Bourbon, sire de Laboulaye, et, après lui, Claude de Brancion, en 1491.

Quand le Capitaine élu avait reçu ses lettres de commission, il avait à prêter trois serments bien distincts, aux trois individualités qui représentaient alors le pouvoir et le partageaient, au Souverain, à la Commune et à l'Église. Le premier serment était fait entre les mains du gouverneur de la province, c'est-à-dire à l'homme du Roi qui y tenait sa puissance ; le second, aux Échevins, bourgeois et habitants, réunis en assemblée générale ; ils étaient ainsi conçus : « Je jure d'estre
» bon et loyal au Roy, de garder et entretenir la dicte
» ville et cité, les citoyens et habitans d'icelle en l'o-

» beissance du dict Seigneur ;..... que, pour la garde,
» seurté et deffence d'icelle et des dicts habitans,
» j'emploierai mon corps et mes biens, et ne parlerai ny
» communiquerai ou parlementerai aux ennemis du
» dict seigneur, sans le congé, licence et consente-
» ment du Roy nostre dict Seigneur, ou des dicts Lieu-
» tenans, Gouverneurs et officiers principaux au dict
» duché de Bourgongne, et sans en advertir iceux
» Eschevins et habitans, et qu'il ne fera ny pourra
» estre faict chose qui soit contraire ny préiudiciable
» ez droicts, franchises, libertés et privileges d'iceux
» Eschevins et habitans. »

Ce serment prêté aux Échevins et habitants, était un véritable contrat synallagmatique qui intervenait entre le Capitaine et eux, un pacte qui liait les deux parties ; car les Échevins, après avoir reçu ce serment, par lequel on leur avait juré, au pied des autels, la manutention de leurs priviléges et la défense de leur ville, faisaient serment réciproquement au Capitaine, « d'estre bons et loyaux sujects au Roy nostre dict Sei-
» gneur, d'obéir à toutes les ordonnances et comman-
» demens que le dict Capitaine leur fera touchant la
» garde, seurté et deffence d'icelle ville et cité contre
» les ennemis d'iceluy Seigneur ; que, pour icelle
» garde et deffence, ils emploieront leurs corps et
» leurs biens, et ne parlementeront aux dicts enne-
» mis, en manière quelconque, ny en commun ny en
» particulier, sans le congé, licence ou consentement

» du dict Seigneur ou de ses dicts Lieutenans, Gouver-
» neurs et principaux Officiers du dict Duché et du
» dict Capitaine ; et, s'ils reçoivent aucune lettre en
» général ou en particulier des dicts ennemis, incon-
» tinent, sans en faire aucune ouverture, les viendront
» reveler et porter au dict Capitaine. »

Le troisième serment se faisait à l'évêque de Chalon,
« en sa maison episcopale, luy y estant, ou, en son ab-
» sence, à son principal Officier[1], qui est tenu de ve-
» nir en sa dicte maison et hostel episcopal, afin de
» recevoir le serment pour le dict Révérend, faict en
» cette manière : de bien et loyalement garder et trai-
» ter les habitans de la Massonniere et les retraiants
» des Faux-bourgs Sainct-Alexandre, Saincte-Croix et
» autres hommes du dict Révérend, en l'obeissance du
» Roy, touchant sa dicte charge et office de Capitaine,
» et les dépendances d'icelle, et le mieux que faire le
» pourra. »

L'ordonnance de Charles IX prescrivait que le Capitaine de la ville fût « d'une des plus illustres Maisons,
» et experimenté aux armes de nostre dict pays. »
Aussi, trouvons-nous les noms des hommes les plus
distingués de la province dans la liste des Capitaines de
la ville, tels que les Brancion, les Lugny, les Damas
de Marcilly, les Rully, les Monconis et les Beauffremont de Senecey.

[1] Official.

La faculté qu'avaient les habitants d'élire leur Capitaine, constituait un privilége immense ; c'était un droit fort important que le Souverain avait aliéné au profit de la ville ; en diminuant ainsi son action directe sur elle, il s'exposait à voir son autorité facilement méconnue à ces époques de luttes et de troubles, de fidélités ébranlées et chancelantes.

Il n'est donc pas étonnant de voir quelquefois le Souverain méconnaître ces droits, et nommer directement des Gouverneurs de la ville, sans le concours des habitants ; mais ceux-ci défendirent avec vigueur leur privilége, et deux fois ils forcèrent le Roi à révoquer les Capitaines de son institution, et à donner des lettres de provision à ceux que la ville avait élus ; c'est ce qui eut lieu à l'égard du sieur de La Charme, du comté de Bourgogne, et du baron de Rully. Le premier avait été nommé Capitaine de la ville au mépris des droits et à l'insu des habitants ; mais, sur leurs remontrances, Charles IX dut instituer le sieur de Monconis, chevalier de ses ordres, élu par la ville. Le second, le baron de Rully, nommé aussi Gouverneur contrairement aux priviléges de la ville, fut contraint, par arrêt du Roi, donné en son conseil, tenu à Paris le 7 avril 1576, de se démettre de sa charge en faveur de Claude de Beauffremont, baron de Sennecey, que les habitants de Chalon avaient élu de leur côté, conformément aux droits de leurs priviléges.

Louis XII aussi dut se rendre aux exigences de la

ville, et respecter ses droits. La lettre qu'il lui adressa au sujet de l'élection d'un de ses Capitaines, est même un monument important pour l'histoire de la cité, puisqu'on y voit le Souverain, non seulement reconnaître un privilége, mais descendre jusqu'à la prière, afin de se concilier les habitants. Voici ce singulier document : « De par le Roy, chers et bien-amez,
» nous envoyons presentement par de là nostre aimé
» et féal conseiller Anthoine de Chasault, bailly de
» Chalon, pour aucune noz affaires et pour ce que
» nous avons été advertis que cy-devant, quand il a
» été bruit de guerre, vous avez acoustumé de mettre
» et establir quelque bon personnage Capitaine pour
» la garde de nostre ville, et dernièrement y com-
» mistes le sieur de Visargent ; à ceste cause et que
» sçavons le dict bailly estre pour très bien servir en
» cest état et en meilleure charge, nous vous prions
» que luy veuillez bailler la dicte charge et Capitaine-
» rie, si l'affaire le requiert. Et en ce faisant, outre ce
» que, comme nous escrivons, il est pour très bien
» servir et s'en acquitter, comme vous nous ferez
» aussi agréable plaisir, car nous avons toute con-
» fiance de luy et desirons le favorablement traicter. »

Ce privilége fut reconnu par lettres-patentes données en juillet 1569, à Orléans, par le Roi Charles IX, confirmées par Louis XII à Laferté-Alex, le 17 août ; mais, plus tard, dit Durand, « nostre Capitaine, *civium nos-*
» *trorum patientiâ et favore*, a esté rendu perpétuel,

» tellement que, pendant sa vie ou jusques à sa dé-
» mission volontaire, il est honoré et recogneu et res-
» pecté lors même qu'il fait sa résidence à Chalon, soit
» en temps de paix ou de guerre.

» Son pouvoir etoit de faire, par l'advis des Esche-
» vins con-Capitaines, toutes ordonnances et comman-
» dements nécessaires à la garde, tuition et defence
» de la ville et cité, fortification et reparation d'icelle
» contre les ennemis, et icelles faire garder et entre-
» tenir, punir, corriger les désobeissans et contreve-
» nans à icelles, ainsi qu'il appartient par raison, et
» faire contraindre et gagier à payer l'amande par ceux
» qui ont accoutumé faire exécution en la ville, et par
» les sergents et Officiers du Révérend (évêque), en la
» rue de la Massonnière et faux-bourgs Sainct-Alexan-
» dre et Saincte-Croix, dont moitié au profit de la ville
» et moitié à son profit particulier. Il pouvoit en outre
» contraindre les dicts habitants à faire montre de
» leurs armures et bastons, et d'être armèz et embas-
» tonnez, et à faire guet et garde aux portes, tours,
» murailles de la ville, tant de jour que de nuict, et
» faire faire reparations et menus éparemens, ainsi
» que besoing sera. »

DES ÉCHEVINS ET MAIRE DE CHALON.

De toutes les institutions qui existaient autrefois à Chalon, la seule qui ait résisté au temps et aux bouleversements de la révolution, est celle de la mairie et de l'échevinage. Il n'y a presque de changé que ce dernier nom, car les attributions sont demeurées à peu près les mêmes.

Je ne veux pas faire ici l'histoire de cette grande institution, qui fut une des conquêtes les plus précieuses des peuples sur le pouvoir royal ; je me bornerai à donner quelques notes, et à publier ce qu'il y a d'inédit sur cette matière.

On le sait, sous le règne de Louis-le-Gros commence l'émancipation des Communes, soumises jusqu'alors au pouvoir royal ou à celui des grands feudataires de la Couronne ; elles avaient été jusqu'alors à la merci des Seigneurs ; mais les idées avaient marché ; une réaction s'opérait depuis longtemps contre la féodalité, et le Roi dut faire une première concession aux idées de liberté qui fermentaient dans le peuple. Cette émancipation ébranlait la puissance des feudataires ; aussi vit-on la plupart des Seigneurs résister aux ordres du Souverain, et empêcher l'établissement des Communes.

Cependant les ducs de Bourgogne se soumirent à la volonté royale, et consentirent à l'institution des Maires et des Échevins, qui toutefois demeura soumise à l'approbation du Roi.

« Ainsi, dit un auteur, trouvons-nous, par les char-
» tres et annales, que le duc Hugues, 3e du nom,
» institua le *Maïeur* et les Eschevins de Dijon, l'an 1187;
» le duc Odes (Eudes), 3e du nom, les quatre Maires

» de Chatillon, en 1200 ; le Maire et les six Eschevins
» de Beaune, en 1203 ; les six Eschevins de Nuicts,
» en 1212 ; et les Eschevins de Talant, en 1216.

» Le duc Hugues IV, le Maire et les Eschevins de
» Montbard, en 1231 ; les quatre jurés de St-Jean-
» de-Losne, en 1252 ; et les quatre prud'hommes de
» Chalon, en 1256.

» Le duc Robert III, fils de Hugues, le Maire et les
» six Eschevins de Semur, en 1276 ; et le Maire et les
» six Eschevins de Seurre, en 1278. »

Comme nous venons de le voir, la charte de l'institution de l'échevinage, à Chalon, fut donnée [1] par Hugues IV, au mois de mai 1256 ; mais, en 1254, les habitants avaient déjà préludé à l'affranchissement de leur Commune par la nomination de six bourgeois élus dans une assemblée composée de deux cent huit personnes de la ville, en présence de l'Official de l'évêché ; cet essai de municipalité ne dura que deux ans. Le duc Eudes, craignant que quelques abus ne se glissassent dans ce nouveau mode d'administration, autorisa les habitants, par la charte que je viens de mentionner, à le remplacer par quatre Échevins (Scabini), élus pour un an par huit prud'hommes ; deux de ces échevins devaient être domiciliés en la terre et juridiction du duc ; quant aux prud'hommes, ils étaient choisis par les habitants en une assemblée générale, tenue, chaque

[1] M. Victor Fouque : *Histoire de Chalon.*

année, le 1er janvier, et cela contrairement à la charte, qui avait fixé cette réunion au 23 juin. Quatre devaient être de la terre de l'évêque, et les quatre autres de celles du Roi. Cependant le duc de Bourgogne, Philippe-le-Bon, reconnaissant que le terme d'un an n'était pas suffisant aux Échevins pour avoir la connaissance des affaires de la ville, permit aux habitants de continuer leurs Échevins pour trois années, par lettres données à Dijon, le 20 mai 1422. Le maréchal de Baudricourt déclara en même temps que les quatre Échevins étaient *con-Juges* en la châtellenie royale, et *con-Capitaines* de la ville. Ils avaient la garde des clefs, et le droit, en temps de guerre ou de péril imminent, de choisir un Capitaine pour veiller à la sûreté publique, ce qui caractérisait une ville municipale.

Ces diverses chartes n'avaient permis, ainsi que nous venons de le voir, que l'institution des prud'hommes et des Échevins, et Chalon ne possédait point de Maire, alors que toutes les principales villes de la Bourgogne en avaient depuis longtemps; mais, « le 19 juin 1561, » dit Durand, les habitants de la ville et cité de Chalon, » pour obtenir l'établissement de la Mairie, présen- » tèrent au roi Charles IX requête fondée sur les causes » de nécessité, d'utilité et d'ornement. » Le Roi eut égard à cette supplique, et institua un Maire à Chalon par lettres-patentes données à Saint-Germain-en-Laye, au mois de septembre 1561, en considération, dit le Roi, « de ce que Chalon est l'une des meilleures et des

» plus considérables villes de notre Duché de Bour-
» gogne, située en pays limitrophe où affluent plusieurs
» étrangers. »

Le principal motif qui engagea les habitants à demander l'institution de la Mairie, fut l'anarchie qui régnait dans l'administration de la justice au sein de la ville ; la charte, qui avait créé les Échevins, avait permis à ces magistrats municipaux de connaître de toutes les affaires de la police, et d'avoir, « de concert avec le
» châtelain, la congnoissance en première instance
» de tous les procès et differends d'entre les habitans
» d'icelle ville et cité. » Mais les juges ordinaires avaient vu avec répugnance leur autorité partagée par cette nouvelle institution. Jaloux de leur ancienne prérogative, ils souffrirent néanmoins en silence cette usurpation ; mais, dès que les circonstances le permirent, ils ne manquèrent pas de reprendre peu à peu leurs anciens droits, et de là provint un désordre auquel il fallait nécessairement mettre un terme ; aussi, Charles IX fut-il forcé, sur la plainte des habitants, de reconnaître ces abus et de les constater dans les lettres-patentes qu'il leur octroya.

Voici les termes mêmes de cette charte : « De sorte
» que à présent sont les dicts Eschevins simples dé-
» nonciateurs, sans avoir aucun moyen de pourvoir,
» ainsi qu'il estoit accoustumé, aux affaires communes
» et autres choses concernantes le bien public et re-
» pos commun d'icelle ville, dont pour raison sont

» ordinairement plus soigneux les citoyens et ceux
» qui sont es estats et charges de ville à temps seule-
» ment, que austres Officiers chargez d'autres affaires
» de justice, qui ne s'emploient es choses de police s'ils
» ne sont instigués et plusieurs fois semons à ce faire,
» ou qu'ils s'y voyent un grand et extrême désordre,
» que cela les contraigne d'y adviser. Dont est advenu
» que plusieurs grands crimes et délicts se commettent
» en la dicte ville, qui aussi est par là mesme cause
» mal réglée et policée.......................
» Au moyen de quoy il est bien requis et nécessaire
» que les premiers juges et Officiers ayent l'oiel ouvert
» et soyent soigneux et vigilans pour visiter tous les
» lieux et endroicts de la dicte ville, d'où il pourroit ad-
» venir aucun trouble, danger ou inconvénient à icelle,
» pourveoir à ce que tout s'y conduise et gouverne
» politiquement, et que tous vivres y abondent et af-
» fluent. Que les mal-faits, crimes, fautes et abus des
» gens de mestier et austres habitans et fréquentans
» en la dicte ville, soyent soigneusement recherches,
» punis et chastiez exemplairement, selon leur deme-
» rite. »

Mais les troubles civils qui agitaient alors la France, ne permirent point qu'on s'occupât de l'exécution de l'ordonnance royale. On ne put la vérifier et l'entériner au Parlement et à la chambre des comptes, à Dijon, que vers le mois de février 1565.

Enfin, le 23 et le 24 juin suivant, M. Claude Bre-

tagne, conseiller du Roi, fut député par le Parlement pour procéder à la première élection d'un Maire; il eut soin, dit un auteur, de faire, au préalable, « défense
» à tous les habitans de prester voix, monopoles ny
» brigues, et de donner avis aux dicts habitans d'agir
» en leurs loyautez et consciences, sans affection par-
» ticulière, pour le bien, repos et tranquillité de la
» ville, à peine d'être punis exemplairement de la
» hart. » (Arrêt du Parlement du 18 juin 1596.)

L'élection du Maire se faisait primitivement dans les halles; mais, après l'incendie de ce bâtiment, en 1567, elle eut lieu dans la grande salle du couvent des Carmes, le 24 juin de chaque année, en présence des quatre Échevins, élus la veille par les huit prud'hommes, et du Lieutenant général ou particulier au bailliage des avocats et procureurs du Roi. Ces huit prud'hommes étaient ordinairement de qualités distinctes; on les prenait parmi les avocats, que les anciens titres appelaient *sages aux loix*, les procureurs ou praticiens, et les marchands et notables bourgeois. Au moment de procéder à l'élection du Maire, ils prêtaient le serment « de bien fidèlement et sincèrement procéder
» à l'élection du Maire, sans faveur ni affection par-
» ticulière. »

Aussitôt après son élection, le Maire « étoit averti
» en sa maison, » d'où il était conduit, avec ceux qui l'avaient choisi, à l'hôtel du Lieutenant général ou particulier; puis on en sortait en compagnie. Les sergents

de la Mairie, avec leurs manteaux aux couleurs de la ville, précédaient le cortége, la hallebarde sur l'épaule, la pointe en haut, et l'on se rendait à l'église de St-Vincent, où le Maire jurait, au pied du maître-autel, *tactis sacro-sanctis evangeliis*, entre les mains du Lieutenant général ou particulier, « la fidelité au » Roy, la conservation des priviléges de la ville et l'ob- » servation des édits et ordonnances des monnoyes. » Ces formalités étaient prescrites par l'ordonnance de François Ier de 1536, art. 27, confirmée par Henri II en juin 1550, et par Charles IX, le 17 mai 1574. Mais le chapitre de St-Vincent, toujours jaloux des priviléges de la ville, voulut un jour contester au Maire le droit de se faire précéder de ses sergents, la hallebarde sur l'épaule, la pointe en haut. Il s'ensuivit un grand scandale dans l'église ; le Maire et les Échevins en référèrent au Parlement, et le doyen et les chanoines furent condamnés, par un arrêt solennel, à reconnaître le privilége du Maire, et à laisser les sergents porter la hallebarde, la pointe levée.

En 1676, le chapitre de St-Vincent, dont l'humeur belliqueuse ne se calmait pas, malgré ses échecs au Parlement, contesta encore au Maire et aux Échevins le droit de faire porter six grandes torches, immédiatement devant le dais, aux processions publiques et particulières. Les habitants s'assemblèrent les 5, 7 et 10 juin, à l'Hôtel-de-ville, pour en délibérer ; et, sur leur plainte, il intervint un arrêt du Parlement, ordonnant qu'il en serait usé comme par le passé, avec injonction à ceux qui portaient les torches de se comporter avec respect.

Les attributions du Maire étaient, d'après la charte de 1561, « d'avoir la juridiction politique, civile et » criminelle en première instance, comme ès autres » bonnes villes du Duché, et de connaître de la justice » en première instance ez affaires de police; » cependant le droit de l'exercer dans toute l'étendue de la ville n'avait pas été, dès le principe, conféré au Maire et aux Échevins; mais, plus tard, il leur fut acquis, non seulement dans toute la ville, mais encore dans le faubourg de Saint-Laurent et dépendances.

Le Maire avait même la police dans le grand cloître de la cathédrale, par décision du Roi, en 1753, quoique, suivant plusieurs arrêts du conseil d'état, l'exercice de la voirie n'eût pas lieu dans le cloître des églises cathédrales.

En 1760, on attacha en outre à sa personne, comme à Dijon, la qualité de *colonel de la milice bourgeoise et chef des armes*.

Les deux tiers des amendes de la police et Mairie de Chalon furent concédés à la ville, par lettres du Roi du 12 novembre 1572, par les trésoriers de France, le 1er mars 1574, et par la chambre des comptes de Dijon, le 5 mars suivant, en manière de provision, et ce droit fut confirmé, le 22 mars 1583, par lettres-patentes du roi Charles IX.

En 1361, le roi Jean avait octroyé aux Maires et Échevins le privilége des foires.

Le Maire jouissait personnellement de trois grands priviléges. « Le premier, que, si le Roy semond la » Commune d'aller en lost ou guerre, tous ceux de la » Commune y devoient aller pour le Maire. »

Le second, « que, si la ville fait aucune amende au » Roy, tous ceux de la Commune, quelque seigneurie » qu'ils soient, y mettront tous, selon leur pouvoir, » fors le Maire. »

Et le troisième, « que le Maire ne met rien en com- » mune en mise ny taille, » c'est-à-dire, ajoute le chroniqueur, « que le Maire était exempt des tailles et » impositions pendant le temps de sa douce, amère et » difficile charge. »

Le premier Maire élu en 1565, fut maistre Jehan Regnaudin, advocat et lieutenant-général en la chancellerie de Chalon; « c'étoit, dit Perry, un personnage » qui méritoit d'être honoré de cette charge comme » en estant des plus dignes et des plus capables. »

Ce fut au sieur Regnaudin qu'on dut la création des sergents de ville à Chalon; leur mission était de faire exécuter les ordres des magistrats et de maintenir leur autorité; ils furent institués au nombre de sept, et chaque année on leur donnait des manteaux neufs de drap bleu, avec des manches dont l'une était bleue et l'autre jaune; sur ces manches étaient brodées les armes de la ville, entourées de branches de laurier.

Un règlement spécial pour le service des sergents de ville fut dressé par les magistrats; il se trouve, page 123, dans l'ouvrage intitulé : « Ordonnances faites par les » Maire, Échevins, bourgeois et habitants de la ville » et cité de Chalon (Chalon, 1678). » Ces sergents formaient, pour ainsi dire, la garde personnelle du Maire ; ils étaient, à tour de rôle, de service à la porte de son hôtel, depuis cinq heures du matin jusqu'au soir, et ne pouvaient la quitter pour quelque cause que ce fût. Ils devaient avoir pour ce magistrat le plus grand respect, et faire tout ce qui leur était commandé. S'il arrivait des gens de guerre en ville, tous les sergents étaient tenus de se trouver à la porte du Maire ; le jour des fêtes solennelles, ils l'assistaient aux grand'-messes et aux processions. S'élevait-il des troubles occasionnés par les gens de guerre, deux sergents l'accompagnaient ; l'un d'eux portait le fallot dans les rondes et patrouilles qu'il faisait ; enfin, tous les soirs, un sergent portait les clefs de la ville chez l'un des Échevins, ou, en son absence, chez le syndic de la Commune; car, nous l'avons déjà vu, les Échevins partageaient l'autorité du Gouverneur militaire, et étaient con-Capitaines de la ville.

Les magistrats municipaux de Chalon jouissaient encore d'un autre grand privilége, celui d'assister aux États généraux de Bourgogne. Il leur fut accordé, par suite d'une délibération prise en la chambre du tiers-état, en l'assemblée des États généraux tenus à Dijon au mois de janvier 1596, sur les remontrances des députés des villes de Chalon et de Montbard, et par lettres royales. Il leur fut accordé séance et voix délibérative à la chambre du tiers-état.

Chalon était la quatrième ville qui députait aux états de la province, et la cinquième qui nommait l'élu du tiers-état; car, quoique ville ancienne et épiscopale, quoiqu'elle eût précédé celle de Beaune aux états de 1460, 1542, 1568, elle fut supplantée par les députés de Beaune; ceux mêmes de Nuits et de Saint-Jean-de-Losne lui disputèrent la préséance, ce qui occasionna un grand procès sous Henri IV. Chalon justifia son droit par un mémoire de Pierre Durand, que l'on trouve au 1er volume de l'illustre Orbandale. Mais les deux villes gagnèrent leur cause, et eurent rang par provision à l'élection avant Chalon, parce que leur droit de Commune était plus ancien, Nuits l'ayant reçu en 1212 et Saint-Jean-de-Losne en 1256. Le premier Maire de Chalon élu aux états fut Nicolas Julien, en 1580.

PRIVILÉGE DES FOIRES CHAUDES ET FROIDES.

Ce privilége était encore un des plus importants de la ville; elle veilla toujours avec grand soin à sa conservation : aussi, trouvons-nous aux archives beaucoup plus de titres sur ce privilége que sur les autres immunités; cela s'explique facilement par l'immense avantage que retiraient, non seulement la ville, mais encore la province entière, de ces foires considérables. Celles-ci avaient fait de Chalon un point de réunion où affluaient tous les peuples, et un vaste entrepôt pour tous les produits de la France et de l'étranger. Les ducs de Bourgogne et les rois de France ne cessèrent de favoriser cette institution, dont ils retiraient de grands profits ; ils consentirent, afin de lui donner plus de développement, à suspendre, durant les foires, le cours régulier de la justice ordinaire, pour établir une juridiction exceptionnelle et spéciale ; d'après le mode de son organisation, ce nouveau tribunal pouvait expédier plus promptement les affaires contentieuses dont il avait à connaître ; ils permirent encore, contrairement à tous les édits sur la matière, le cours de toutes les monnaies étrangères sur la place de Chalon pendant la durée des foires ; ensuite, aucun habitant de la ville, aucun étranger, ne pouvaient être arrêtés pour dettes pendant cette période de l'année, et ils jouissaient en outre de l'exemption du droit de traites foraines et d'entrée des marchandises pendant la tenue des foires.

Le titre le plus ancien concernant les foires de Chalon, titre dont nous avons une copie, remonte à 1361 ; c'est une charte par laquelle Jean, roi de France, octroie aux Échevins et habitants de Chalon le privilége des foires de la ville ; mais, d'après le contexte, on voit facilement que ces foires existaient déjà depuis longtemps, et que cette charte n'est qu'une confirmation de priviléges d'une date déjà ancienne ; nous avons aussi quelques pièces établissant les droits que pouvaient prélever les évêques de Chalon sur ces foires, et réglant divers points d'administration de détail.

La première est du 25 août 1244, et concerne une enquête faite par Seguin, évêque de Mâcon, en présence de Pierre de Corbigny, bailli de M. le duc de Bourgogne, et de gens de probité, au sujet des loyers dans les foires de Chalon ; par cette pièce il fut reconnu que les hommes de l'Évêque et du chapitre qui voulaient avoir des loges dans les foires, les devaient obtenir pour quatre deniers dijonnois ; s'ils la faisaient bâtir eux-mêmes, pour cinq sols dijonnois ; et si on leur donnait des loges toutes faites, ce devait être dans des endroits propres, compétents et honnêtes. Ladite enquête fut faite, « *antequàm dux ad partes accederet* » *transmarinas,* » dit la charte.

La seconde pièce est du mois de septembre 1254 ; elle a trait à une vente passée en présence d'Olivier, abbé de Maizières, et de Simon, doyen de Chalon, par Guillaume de Chalon, à Alexandre, évêque de cette ville, au prix de 50 livres dijonnoises, de la tierce partie des langues et jambons des animaux qui se vendaient au marché de la ville, laquelle tierce partie était du fief de l'Évêque.

Une troisième est relative à une vente consentie par Guy, prévôt de Fontaines, et ses frères et sœurs, à l'Évêque de Chalon, de la quatrième partie des ventes des chevaux dans les foires de Chalon, pour 20 livres dijonnoises.

La charte du roi Jean, de 1361, en octroyant le privilége de deux foires, dit : que l'une d'elles se tiendrait le jour des Brandons, et l'autre le jour de la St-Barthélemi. La première fut appelée foire *froide*, parce qu'elle avait lieu le 24 février, et l'autre foire *chaude*, à cause de son ouverture au 25 août ; l'une et l'autre devaient durer un mois entier. « Mais, en 1569, le
» Maire et les Échevins de la ville ayant remontré au
» Roy Charles IX que la foire du mois d'aoust n'était
» point commode aux marchands, à cause des grandes
» sécheresses qui arrivent en ce temps, au moyen de
» quoy la rivière de Saone étant fort basse, aucune
» marchandise ne pouvoit arriver par la dite rivière,
» ce qui est très préjudiciable et de très grande in-
» commodité pour les habitants de ladite ville, les
» marchands forains supplièrent S. M. de remettre
» la dite foire du 24 aoust au 24 juin de chaque an-
» née.

» Le Roy, faisant droict à la requeste des dits habi-
» tants, leur permit, par lettres royales du 14 juin 1569,
» de changer l'époque de la dite foire, sans, toute-
» fois, que par la dite commutation il ne soit pré-
» judicié à aucun droict accoutumé, et fait retarda-
» tion des deniers qui doivent être payés durant la
» foire. »

Les ducs de Bourgogne et les rois de France reconnurent constamment le privilége de ces foires ; ils les augmentèrent même dans maintes circonstances. Ainsi, en 1422, le duc de Bourgogne affranchit les habitants de la ville et les forains d'un impôt de douze deniers par livre, qui se levait sur les marchandises vendues en foire. En 1443, le duc Philippe-le-Bon, exempta tous les marchands et habitants de payer gabelle ou imposition pendant vingt années, ainsi que le péage dit *la Menue-Conduite*, et il accorda des lettres de sauvegarde aux marchands qui fréquentaient la foire. Ces priviléges furent confirmés par lettres-patentes en 1465, 1466, 1476, 1483, 1484, 1612, 1672. Mais, en 1465, les guerres incessantes avec l'Angleterre avaient porté un coup funeste aux foires de Chalon ; les étrangers ne les fréquentaient plus, et la ville de Chalon en éprouvait un préjudice considérable ; ce fut alors que Philippe III, duc de Bourgogne, sur l'avis de son conseil et à la requête des Échevins de Chalon, donna des lettres-patentes, par lesquelles non seulement tous les anciens priviléges de foires, tombés en désuétude pendant les longues guerres qui venaient de déchirer la France, furent rétablis, mais encore d'autres immunités furent accordées à ces mêmes foires.

Cette charte est la plus importante de toutes celles qui concernent cette matière : je ne la reproduirai pas ici, puisqu'elle est généralement connue ; il me suffira d'en donner la substance :

1º Elle affranchit les biens, denrées et marchandises quelconques, de toute imposition, huitième et gabelle.

2º Elle exempte tous marchands de tous droits d'octroi huit jours avant et huit jours après la foire.

3º Elle permet de faire le change à tous marchands pendant la durée de la foire.

4º Elle fait défense à quiconque de contraindre les forains, étrangers et habitants de Chalon, par corps, pour le paiement de leurs dettes durant la foire.

5º Elle crée une juridiction spéciale.

6.º *Elle fait défense aux Anglais de fréquenter les foires, comme anciens ennemis du royaume.*

7º Elle permet aux marchands étrangers de s'y rendre, quoiqu'on soit en guerre avec leurs Souverains.

8º Elle leur permet de tester et les exempte du droit d'aubaine.

En 1717, il fut fait défense aux Juifs d'assister aux foires sans permission.

Comme nous l'avons déjà vu, en instituant les foires, les Souverains avaient créé aussi une juridiction qui leur était spéciale « pour la manutention des priviléges » octroyés par le prince. » Les magistrats composant ce tribunal exceptionnel furent d'abord nommés Gardes des foires, ensuite Gardes conservateurs des priviléges des foires ; plus tard, on les appela Baillis ou Maîtres des foires, et cette charge était toujours remplie par des personnages de haute naissance et de grande distinction.

Le premier Gardien des foires fut Hugues de Vercels, en 1359. Et, parmi les quinze premiers magistrats qui ont occupé cette charge, nous trouvons :

En 1385, Guillaume de Lamarche ;
En 1439, Guillaume de Sercy ;
En 1489, Hugues de Villeneuve, chambellan du Roi ;
En 1526, Jean de Lugny ;
En 1544, Georges de La Guiche ;
En 1582, Claude de Beauffremont, de Senecey ;
En 1641, Chalon du Blé, d'Huxelles.

Quoique les Gardes conservateurs ne fussent pas d'abord nommés juges, ils avaient néanmoins la juridiction contentieuse, et décidaient toutes les contestations relatives au commerce qui se faisait dans les foires. Souvent même les marchands notables étaient appelés par le juge pour donner leur avis sur les cas difficiles.

En 1689, des lettres royales accordèrent aux juges le droit de terminer sans appel les contestations qui naissaient à l'occasion des marchés tenus en foire.

Le terrier de 1437 dit : « que le Maître tiendra sa » Cour deux fois le jour, et aura la connoissance de » toutes causes assignées devant lui, la Cour du Châ- » telain cessant alors. » Ce terrier rappelle là-dessus les ordonnances de 1362 et 1372[1].

La création des Conservateurs ou Gardiens remonte,

---

[1] Courtépée.

ainsi que nous l'avons vu, à 1359, et ce ne fut qu'en 1465 que Philippe-le-Bon leur donna le titre de Bailli et de Maître des foires, à l'exemple de ceux de Lyon.

Voici comment ces lettres de 1465 s'expriment au sujet de la juridiction du Maître des foires. « Nous lui
» avons donné et donnons pouvoir, commission et
» auctorité de iuger et déterminer sommairement et
» de plain sans forme ou figure de procez de iour à
» autre appelez, ceux qui feront appeler tous les dé-
» bats qui se pourront sourdre et mouvoir entre nos
» dits Officiers ou autres et les dits marchands fré-
» quentans les dites foires, ou entre iceux marchans
» l'un contre l'autre, et durant le temps d'icelles, ainsi
» qu'il verra estre à faire par raison : en faisant mettre
» à exécution précise les sentences et iugements qui
» seront par lui rendus touchant le fait de marchan-
» dise, et sans ce que aucuns de nos iuges en puissent
» ne doivent prendre cognoissance pour empescher
» ou dilayer la dite exécution. »

La même ordonnance établit un Lieutenant auprès du Maître des foires, pour le suppléer en cas d'absence ou d'empêchement.

Ce magistrat[1] avait, en outre, le droit de faire visiter toutes les marchandises que l'on amenait aux foires, les poids et aulnes des marchands, ainsi que leurs mesures.

[1] Courtépée. Denisart, tome IV.

Le greffier du Maître des foires se nommait *Chancelier*; il était chargé de l'expédition des jugements et avait la *garde des sceaux* du Maître. Il est probable que ce magistrat n'avait que deux sceaux, le *scel* ou *sigillum*, et le *contre-scel* ou *contra-sigillum*. « C'est
» le sceau qui donnait l'authenticité aux actes, et ils
» n'étaient pas en forme exécutoire quand ils n'a-
» vaient pas été scellés, parce que le sceau était la
» marque de l'autorité dont les jugements et autres
» actes devaient être revêtus. » (Ordonnance de Phi-
» lippe-le-Long, 1319.)

On avait toujours soin de mentionner, dans le corps des jugements et des actes, que l'apposition du sceau avait été faite en marge ou au bas de ces titres, et la formule de cette mention était presque toujours ainsi conçue : « *In cujus rei testimonium nostrum præsenti-*
» *bus fecimus apponi sigillum.* »

Le contre-scel, qu'on appelait *contra-sigillum*, *sub-sigillum*, *sigillum secretum*, ne faisait ordinairement que certifier l'authenticité du grand sceau[1].

---

[1] Quelquefois on l'appliquait au revers du sceau principal ; dans ce cas, le sceau était appelé *facies adversa*, et le contre-scel *facies aversa*; d'autres fois, on le laissait pendre au côté opposé, par des attaches distinctes. Ces attaches, on le sait, appelées lemnisques, étaient de parchemin, de soie, de fil, de laine, de cuir, de paille ou de corde. On trouve un grand nombre de contre-scels dans les Recueils des sceaux de Bourgogne et de Flandre. Ils s'annoncent eux-mêmes pour tels par le mot *contra-si-*

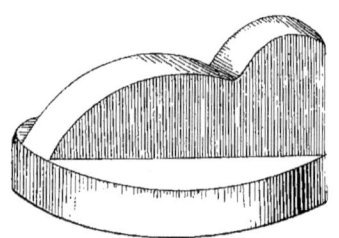

9' TRA S' DVDINAR' CABILON'

Contra - sigillum nundinarum cabilonensium.

Il ne nous a pas été possible de trouver dans les archives de la ville quelque document revêtu de l'un ou l'autre sceau des Maîtres des foires de Chalon. Ces actes auront disparu dans les bouleversements de ces archives. Aucun auteur Bourguignon n'a fait connaître non plus ces sceaux. Le hasard m'a fait rencontrer celui dont je donne ici la description et le dessin, planche n° 3 ; j'en dois la communication à l'obligeance d'un amateur distingué de Mâcon [1].

Ce contre-scel est de bronze et de forme circulaire ; il a 42 millimètres de diamètre ; on y lit, en caractères du 13me siècle, O'TRA. S' NVDINAR' CABILON' (*Contra-sigillum nundinarum Cabilonensium*). En dedans de cette légende, le relief se divise en trois lobes, dont chacun se termine en ogive. Dans l'espace vide laissé par ces lobes tréflés ou *en abîme*, comme l'on dirait en langage héraldique, on voit l'écusson de Bourgogne ancien. Cet écu est accompagné ou *cantonné* de deux fleurs de lys, placées dans les deux lobes

---

gillum, qu'ils portent en tête de leurs légendes. Ainsi on lit sur le grand Sceau d'Othon, Comte de Bourgogne, de l'an 1279, *Sigillum Othonis, Comitis....*, et au contre-scel, *contra-sigillum Othonis, Comitis ;* il en est de même du scel et contre-scel de Guy, Comte de Flandre, en 1264, et de ceux de la Cour de Bourgogne au 15me siècle. Le mot *contra-sigillum* y est toujours écrit en abréviation ; le petit scel fait toujours suite au grand scel.

[1] Mme Febvre.

supérieurs. La pointe de l'écusson occupe le troisième lobe tout entier.

Les trois lobes sont inscrits eux-mêmes dans une ligne circulaire, qui n'a, je crois, d'autre objet que de soutenir et guider la légende.

De la forme des lettres et des émaux de l'écu, on peut, sans trop se hasarder, conclure que ce contre-scel appartient à la première moitié du 14me siècle, puisque Philippe de Rouvre, le dernier des Ducs héréditaires de la première race royale, est mort en 1361, et qu'après lui l'écusson de Bourgogne, par la transmission du Duché aux princes de la maison de Valois, a été changé dans ses partitions ; cependant la forme trilobée, comme ornementation, se retrouve plus fréquemment à la fin qu'au commencement du 14me siècle.

L'ouverture de ces foires se faisait avec la plus grande solennité [1] ; elle était publiée, au son des trompettes, dans toutes les places publiques de la ville.

La publication de l'ouverture des foires se faisait par le Maire de la ville, lieutenant-général de police, assisté des Échevins, du secrétaire de la Mairie, du procureur du Roi syndic et du greffier du baillage. Ces magistrats se réunissaient à l'hôtel-de-ville, la veille ou le jour de la foire, puis parcouraient toute la cité dans un carrosse de cérémonie, précédé des sergents de la Mairie et d'un trompette à cheval.

[1] Archives de la ville.

Voici l'itinéraire que suivait le cortége : il se rendait d'abord au faubourg Sainte-Marie, en passant par les rues des Tonneliers, de la Poulaillerie (aujourd'hui rue des Poulets), aux Febvres, de l'Évêché, des Minimes. Arrivé à Sainte-Marie, les magistrats recevaient le serment des jurés du corps des vanniers de la ville, « de faire fidèlement la visite des marchandises de » leur métier venues à la foire, et de rapporter à l'au- » torité toutes les contraventions qui seraient à leur » connaissance. »

Du faubourg Sainte-Marie on allait au pont des Chavannes, où se tenait la foire des cercles, en passant par la rue de la Poterne, attendu que le carrosse ne pouvait pas passer par le cloître Saint-Vincent, par les rues aux Prêtres, Saint-Christophe, du Pont, et par la grand'rue Saint-Laurent. Sur le pont des Chavannes, les jurés de la corporation des tonneliers prêtaient le même serment que les vanniers.

Le cortége se rendait ensuite sur la place de l'Étape [1] par les rues du Châtelet, du Change, pour recevoir le serment des jurés de la maîtrise des cordonniers.

Enfin, le cortége se rendait à la porte de St-Jean-de-Maisel et dans le pâquier, où se tenait la foire du bétail ; il en faisait le tour, et rentrait en ville par les rues Saint-Jean et des Tanneries, le port du Temple et

---

[1] Aujourd'hui place Saint-Pierre.

le Portvilliers, la rue des Cannes [1], en faisant le tour de la fontaine de la place de Beaune, et enfin la rue Saint-Georges.

A leur retour à la Commune, les magistrats dressaient un procès-verbal de la publication qu'ils venaient de faire ; le Maire, les Échevins, le procureur syndic et le secrétaire de l'hôtel, le signaient. Il existe encore un grand nombre de ces procès-verbaux, dressés pendant le cours du 18me siècle ; le dernier est du 25 juin 1792. Dans ces actes on retrouve une trace fidèle de la marche des idées de ce siècle : ainsi, dans ceux du commencement de cette période séculaire, on voit encore en vigueur tous les anciens usages de la cité. Les magistrats observent fidèlement les lois de l'antique cérémonial usité pour l'ouverture de cette grande foire ; ils s'entourent de tout l'éclat et de toute la pompe que déployait la Commune dans les grandes circonstances, lorsqu'elle devait paraître en public ; mais, à mesure du déclin du siècle et de la réaction des idées philosophiques contre les inégalités sociales, on voit la pensée du moment se traduire dans les actes des magistrats. La Commune se met à la mode du temps, elle se fait philosophe aussi, marche à pied dans les rues, dédaigne de monter dans l'antique carrosse d'apparat, et croirait déroger à sa dignité si elle

---

[1] Rue Carnot.

s'entourait encore des anciennes splendeurs ; elle oublie que ces splendeurs, qu'on regardait avec un superbe dédain, comme des symboles de la tyrannie et de l'orgueil, n'avaient été créées par l'esprit sage de nos pères que pour rehausser la puissance et la dignité de la cité ; elle ne sait plus que cette puissance a été conquise sur la royauté par tant de souffrances et de malheurs, et qu'en balançant l'autorité souveraine, elle devait être entourée aussi de tout l'éclat et de tout le respect qui environnent le chef de la nation.

Les magistrats philosophes, dans leur aversion pour tout ce qui tient aux anciennes traditions, négligent même de recevoir le serment des jurés des corporations, et leur procès-verbal constate seulement qu'ils ont vagué à travers la ville, derrière un trompette, pour annoncer l'ouverture de la foire, qu'ils regardaient peut-être aussi comme un abus.

Pendant leur durée, l'ordre était maintenu par la garde bourgeoise [1]; en outre, les magistrats de plusieurs villes de la province étaient obligés de venir faire la garde pendant la foire. Le premier jour était destiné pour le Châtelain, le deuxième pour le vierg d'Autun et le prévôt de Beaune, le troisième pour le prévôt de Dijon, le quatrième pour celui d'Auxonne. La garde de nuit se faisait par des hommes armés ; le Vicomte en devait fournir trois.

[1] Courtépée.

Ces foires se tenaient autrefois, d'après l'ordonnance de 1465, sur la grand'place du faubourg de St-Jean-de-Maisel, réuni plus tard à la ville ; cette place, appelée depuis place des Carmes, et aujourd'hui place St-Pierre, était en dehors des murs de la ville, qui ne s'étendait que jusqu'à la porte au Change, flanquée de deux grosses tours démolies au 17me siècle ; quatre grandes halles s'élevaient sur cette place ; elles étaient partagées en grandes et petites loges ; la grande loge, réservée aux drapiers, contenait quatre-vingt-dix-huit loges ; elle occupait l'enclos des Ursulines, partie de celui des Visitandines, jusqu'au canal Gloriette ; un fossé régnait autour des halles, et on y pénétrait par un pont.

Je n'entrerai pas ici dans la description de ces halles ; elle a été donnée par Courtépée, page 530, tome IV.

Passant maintenant aux autres priviléges, je n'en dirai que quelques mots.

L'exemption des tailles et exactions fut octroyée par Hugues IV ; la charte dit : « que le plus riche de la
» ville et cité de Chalon étoit seulement tenu de lui
» payer chacun an à la feste Saint-Remy la somme
» de 15 sols dijonnois, moyennant quoy les habitans
» étoient francs et exempts de toutes tailles et exac-
» tions. »

Le privilége de tenir toutes terres en francs-fiefs, nobles rière-fiefs et en justice de franc-alleu, sans payer finance, fut octroyé primitivement aux habitants de

Chalon par les ducs de Bourgogne, en reconnaissance de leur fidélité et des secours qu'ils en avaient reçus.

« C'était un très-beau privilége, dit Baquet, chap. 3,
» parce que, en France, par les anciennes loix, or-
» donnances et arrests, il n'estoit licite aux roturiers
» et non nobles de posséder des fiefs et héritages no-
» bles sans permission du Roy, à cause que les fiefs
» de leur première origine ont été bailliez par les Roys
» à personnes faisant profession d'armes, lesquelles
» avoient acquis le titre et qualité de noblesse par leur
» vertu et prouësse, ayant exposé leurs vie, corps et
» biens pour la tuition, défence et conservation du
» royaume. »

Mais en 1477 ils perdirent, dans le pillage de l'hôtel-de-ville, les titres qui établissaient ce droit ; Charles VIII et François Ier ayant voulu le méconnaître, la ville dut recourir aux attestations et preuves par témoins, pour obtenir le rétablissement de ce privilége important. Les 11 août et 23 décembre 1497, et 20 janvier 1516, intervinrent des arrêts, par lesquels « les
» citoyens, manans et habitans, originellement na-
» tifs de la ville et cité de Chalon, et demeurans en
» icelle tant seulement, furent déclarés exempts du
» droit des francs-fiefs et nouveaux acquests, et avoir
» privilége d'acquérir, tenir et posséder tous fiefs et
» rière-fiefs nobles, sans pour ce devoir payer aucune
» finance au Roy. »

Henri II confirma ce privilége en 1553, « à la

» charge, dit la charte, toutefois de nous faire ser-
» vice à nos ban et arrière-ban, selon la nature et
» qualité de leurs fiefs, ainsi qu'ils ont fait par cy-de-
» vant. »

Les archives de la ville contiennent un grand nombre de pièces relatives à cette contestation ; elles sont à la date des 11 août 1497, 17 décembre 1497 et 20 janvier 1516 et 1517, et ont trait à la procédure faite à ce sujet, à la diligence du commissaire du Roi et du procureur général au Parlement de Dijon.

Le privilége de la chasse, de la pêche et du vain pâturage, à trois lieues à la ronde, avait été concédé aux habitants dès les temps les plus anciens. Les titres qui le concernaient furent perdus aussi en 1477; mais la ville fut réintégrée dans ce droit en vertu de sentences rendues en 1492 et 1497, par maître Philibert de Mont, président du Parlement de Bourgogne, Nicolas Boisseau, sieur de Bersin, président de la chambre des comptes, nommés commissaires pour la vérification des droits des habitants, et par jugements du bailliage de Chalon, des 15 novembre 1485 et 19 novembre 1502.

Le droit de *huitain* [1] était un droit dont l'établissement remonte jusqu'au roi Chilpéric, qui avait ordonné qu'on lui payât la huitième partie d'un muid de vin par demi-arpent. Les ordonnances de la Cour

[1] Denisart, tome II.

des aides et les règlements postérieurs fixèrent ensuite ce droit à 6 livres 15 sols par muid de vin vendu à pot, compris les 27 sols de subvention. Ce droit n'était pas général pour toute la France ; les ecclésiastiques aussi en furent déclarés exempts dans quelques villes, tant pour les vins de leurs bénéfices que pour ceux de leur patrimoine. Il fut accordé à la ville de Chalon par les Ducs de Bourgogne et l'Évêque de la ville, moyennant la somme de 970 fr., payable de deux mois en deux mois, le 10 août 1367. Elle exerçait ce droit sur tous les cabaretiers et marchands de vin en détail ; plus tard, elle afferma ce droit, qui lui donna de grands revenus ; les archives de la ville contiennent de nombreux dossiers relatifs à ce droit et aux poursuites exercées contre les habitants, qui voulaient s'y soustraire.

Louis XIV confirma ce privilége par lettres royales du 8 novembre 1701, et enregistrées le 25 février 1702.

L'imposition du taillon et le droit de lever le *vingtain* sur les cabaretiers furent des priviléges dont la ville jouit aussi depuis des temps assez reculés ; ces droits se prélevaient, comme celui du *huitain*, sur les cabaretiers de la ville et de ses dépendances ; à maintes reprises, les débitants de vin voulurent s'y soustraire, et la ville eut de nombreux procès à soutenir contre eux à ce sujet ; il existe aux archives de la ville une quantité de dossiers relatifs à ces contestations; en 1594, les échevins amodièrent ces droits pour quatre années à un sieur Martin Gousset, moyennant 32 écus.

Le 22 juin 1598, la ville afferma de nouveau ces droits à un sieur Antoine Virot, procureur-notaire, pour 135 écus. Ces droits fiscaux, profitables aux villes et aux seigneurs auxquels ils avaient été concédés, étaient très-onéreux pour le commerce et pour tous les citoyens. Le clergé sut cependant s'y soustraire ; toutefois, il payait, à la place du *vingtain*, des décimes, et ce qu'il appela *don gratuit*. Les bénéficiers et les communautés religieuses, qu'on regardait comme ne faisant point partie du clergé de France, eurent aussi le privilége de ne pas payer le *vingtain* ; ils prenaient seulement un abonnement moyennant une certaine somme.

Le droit de *banvin*, ou *ban-vin*, était aussi un droit fiscal très-vexatoire pour ceux qui y étaient soumis ; on le regardait toujours comme odieux, contraire à la liberté du commerce et à la faculté naturelle que chacun doit avoir de disposer de sa propriété. C'était un droit particulier attaché à certaines seigneuries et à quelques villes ; en conséquence duquel elles pouvaient, pendant un temps fixé, vendre seules en détail, à l'exclusion de tous autres, le vin qu'elles récoltaient dans leurs terres. L'origine de ce droit n'est pas connu ; divers règlements supposent qu'il est fort ancien. Selon l'ancienne jurisprudence, le droit de *ban-vin* était un droit domanial, et, pour l'établir, la possession pouvait suffire. Le droit de *ban-vin* appartenait primitivement à l'Évêque de Chalon, mais il le transmit à la ville. Cependant, en 1488, Jean de Poupet, alors Évêque, voulut le revendiquer ; mais, le 19 août 1491, intervint une transaction par laquelle il fut reconnu que le droit de *ban-vin* appartenait aux Échevins de la ville, et qu'ils en avaient la jouissance.

Il me reste à parler des droits de péage, de châtellenie et d'octroi.

Ces droits, comme les priviléges précédents, ne furent pas de tout temps la propriété de la ville. Ils étaient exercés primitivement par les ducs de Bourgogne et par les rois de France ; mais des besoins impérieux, la nécessité de se procurer de l'argent pour subvenir aux frais des guerres qui désolaient la France, engagèrent les Souverains ou leurs grands feudataires à les aliéner aux villes et aux particuliers. Les villes ne les exerçaient pas toujours par elles-mêmes ; elles les affermaient à quelques particuliers, qui, pour tirer le meilleur profit de leur amodiation, se livraient à ces nombreuses malversations que l'autorité des Parlements et des Communes eurent tant de fois à réprimer.

D'après les titres des archives, le droit de châtellenie fut vendu par le Roi aux habitants de Chalon, suivant acte du 5 septembre 1544. « L'aliénation en fut
» faite, dit la charte, par noble seigneur Cluny-Thunot,
» général des finances du Roy, au nom et se faisant

» fort pour sieur Geoffroy de Haute-Clerc, ayant
» charge, mandement et puissance spéciale de S. M.
» pour vendre de son domaine, pour subvenir aux
» frais des guerres, de tout le droit, profit, revenu
» et émolument de la châtellenie et péage du dit Cha-
» lon, membres et dépendances d'icelle, tant en jus-
» tice, greffe, exploits, autorité, prééminences, pré-
» rogatives, qu'autres droits quelconques, sans en ré-
» server aucune chose, fors la justice et juridictions,
» exercice et exécution d'icelle, ensemble la provision
» aux offices pour le prix et somme de 12,000 livres,
» monnoye courante, avec clause de reachapt perpé-
» tuel du prix de la dite vente. »

La ville afferma ces droits pour trois années, tantôt pour 1,500 livres, tantôt pour 1,650 livres.

Henri II, par lettres-patentes du 25 février 1556, confirma ce privilége et l'étendit même beaucoup; il permit aux habitants de ne pas rendre compte à la chambre des comptes de l'emploi de ces deniers, pourvu toutefois que l'excédant du revenu fût employé à des travaux utiles à la ville; néanmoins, ses revenus n'étaient pas considérables, car, d'après le livre des comptes patrimoniaux de Chalon, on voit qu'ils n'étaient, en 1709, que de 16,880 livres, et la dépense se montait à 16,790 livres 15 sols 3 deniers.

Quant au droit de péage, les habitants en étaient exempts, tant en ville qu'à trois lieues à la ronde,

par titres de 1221[1], 1289, confirmés par le Roi Jean en 1361, par le Duc Philippe en 1402, et par plusieurs arrêts, notamment par la sentence du juge royal de Saint-Gengoux en 1445, contre Jean de Vienne, baron de Buxy et de Chagny, et par arrêt de 1582, contre Guillaume de Gadaigne, sieur de Verdun. Mais la concession de ce privilége ne fut jamais que temporaire et accordée seulement pour quelques années ; aussi, les Échevins de Chalon eurent-ils souvent à en demander la prorogation au Souverain et à la soutenir à l'encontre des Seigneurs d'alentour, qui, ayant le privilége de lever le droit de péage, voulaient y soumettre les habitants de Chalon, entre autres le sieur de Sennecey, qui avait un péage sur le pont de Grosne. Cependant les Ducs de Bourgogne levaient trois sortes de péages dans la ville de Chalon : le rivaige, le tentier et l'avalage. Mais les habitants s'en firent déclarer exempts par arrêts du Conseil et de la Cour des comptes. « Le ti-
» tre de 1474 les déclara exempts, en outre, de payer
» aucune buchaille pour droit d'entrée en ville, à cause
» du charroy de bois, soit qu'il soit creu en leurs hé-
» ritages, soit qu'ils l'aient achepté hors la ville. »

Enfin, je terminerai par quelques mots encore sur deux autres priviléges.

---

[1] Le titre de 1221 dit expressément : « *Homines de Cabilone*
» *non debent pedagium circa tres leucas extra Cabilonem.* »

Il y avait à Chalon un droit qu'on nommait le droit d'*Inquilin*, qu'on levait sur le louage des maisons appartenant aux étrangers qui habitaient Chalon ; ce droit était aussi appelé *Habitantage*.

Durand et Courtépée citent aussi un grand privilége dont jouissait la ville ; ils disent que ses enfants pouvaient être reçus sans enquête en tout monastère où la noblesse était requise, suivant les priviléges octroyés par les Ducs de Bourgogne et les Rois de France, et notamment par le Roi Jean.

Tels sont à peu près les priviléges et les immunités dont jouissait la ville. Comme nous l'avons vu, ils étaient de natures différentes, et créés selon le besoin et la marche du temps ; mais la ville, gardienne vigilante de ses droits, ne négligea jamais de les renouveler ou faire confirmer, chaque fois qu'ils semblaient tomber en désuétude, ou que quelque partie lésée par eux tentait de les contester ou de s'y soustraire.

Il serait difficile de retrouver aujourd'hui non seulement les titres originaux de ces franchises, mais même les copies ou les expéditions de la plupart de ces titres.

Les divers auteurs qui ont écrit sur Chalon n'en rapportent qu'une partie dans les preuves de leurs ouvrages, et les archives de la ville en contiennent fort peu.

Leur perte a été occasionnée par plusieurs événements violents, dans lesquels le dépôt des archives municipales fut saccagé et brûlé en grande partie.

L'accident le plus funeste à ce dépôt comme à toute la ville, eut lieu en 1477, au moment où Louis XI ; après la mort de Charles-le-Téméraire, tué dans la bataille de Nanci, se saisit, par droit de *proximité*, du Duché et du Comté de Bourgogne.

Les Chalonnais, attachés sincèrement à Marie de Bourgogne, seule fille et héritière de son père le Duc Charles, n'ayant pas voulu reconnaître Louis XI pour Souverain, ce prince envoya en Bourgogne George de la Trémouille, Seigneur de Craon, Comte Delmey, Seigneur de Lisle-Bouchard, de Jonvelle et de Rochefort, son premier Chambellan, Lieutenant général et Gouverneur aux pays, Duché et Comté de Bourgogne, Mâconnais et Charollais ; « c'était, dit Perry, un
» homme extrêmement violent et des moins suppor-
» tables ; aussi fut-il guère propre pour gagner l'affec-
» tion des Chalonnais, qui n'ont jamais manqué de
» cœur pour leurs princes. Il condamna à mort les
» plus notables bourgeois, et tenait les autres si ru-
» dement, qu'il ne souffrit pas qu'ils se joignissent
» deux ou trois ensemble, lors même qu'ils n'avaient
» qu'à traiter de leurs affaires particulières. S'il les
» trouvait assemblés, quoiqu'en très-petit nombre, ils
» étaient incontinent mis à mort ou jetés dans la rivière.

» Le bailliage dut lui fournir chaque semaine, pour
» l'entretien de la garnison qu'il mit dans la ville,
» 1,444 écus d'or, tous les mois 5,779 écus, et tous
» les ans 69,348 écus ; outre ces sommes, le bailliage

» et la ville fournissaient encore la subsistance aux com-
» pagnies des seigneurs de Salezar, sénéchal d'Age-
» nois, et de La Roche, capitaine des Écossais. Jean de
» Jully, doyen de la cathédrale, après la perte de ses
» meubles, fut mis en prison, et y trempa trois ans
» entiers ; il eut de la peine à éviter la mort.

» D'abord que les soldats furent entrés dans la ville,
» ils se saisirent de son hostel et le pillèrent. Ils prin-
» drent et distrairent, des archives de la Maison-Com-
» mune, les chartres des priviléges des habitants, et
» singulièrement celles de la Capitainerie, exemption
» de francs-fiefs et nouveaux acquests, de la chasse,
» de la pesche et autres.[1] »

La Bourgogne insurgée posa enfin les armes. Louis XI, maître de la province, accorda, en juillet 1477, au sieur de Craon, des lettres-patentes, « contenant abo-
» lition et pardon des offenses commises par certains
» particuliers de la ville de Chalon, pour raison des
» choses y énoncées qu'il a mises au néant et comme
» non avenues, et les remit et les restitua en leur
» bonne et saine renommée et bienveillance de sa
» personne, en leurs biens, possessions, terres, li-
» bertés et franchises, dont ils avaient usé et joui au-
» paravant, excepté toutefois douze habitans[2]. »

---

[1] Durand, Préface.
[2] Archives de la ville.

En août 1477, Louis XI donna, à Thérouanne, de nouvelles lettres-patentes contenant ratification de l'amnistie accordée par Craon, et confirma les anciens priviléges de la cité.

En outre, Craon fut disgracié; Charles d'Amboise de Chaumont lui succéda dans le Gouvernement de la Bourgogne, et la paix fut conclue après deux années de pourparlers, le 22 janvier 1483, avec Maximilien d'Autriche, époux de Marie de Bourgogne.

Le cauteleux Monarque vint enfin lui-même en Bourgogne, et s'assura de sa capitale par le château-fort qu'il y fit construire.

En prenant possession du Duché, il jura solennellement, « de tenir et garder fermement les libertés,
» franchises, immunités, chartres, priviléges et con-
» firmation d'icelles, données et octroyées par les Ducs
» aux Maïeurs, Eschevins et habitans de Dijon, et
» obligea ses hoirs et successeurs à venir, lors de leur
» avénement au Duché, faire le même serment dans
» l'église de Saint-Bénigne [1]. »

Chalon se releva peu à peu de ses ruines, et le premier soin de ses magistrats, non contents d'avoir obtenu la restitution de leurs anciens priviléges du Roi Louis XI, fut de demander à Charles VIII la confirmation et le maintien des franchises et des libertés dont

---

[1] Lettres-patentes données à Dijon le 31 juillet 1479. Courtépée.

les titres avaient été perdus dans le pillage de 1477. Ce Souverain les reconnut par lettres-patentes données à Blois en 1483. La ville reconnaissante s'empressa de lui en témoigner toute sa gratitude lors de son passage à Chalon en 1494. Les bourgeois, habillés de robes rouges, furent au-devant de lui. Jean Simon, avocat du Roi, le complimenta; Claude de Brancion, capitaine de la ville, fit tapisser les rues, les orna de théâtres, et une belle fille, N. de Beuvrand, lui présenta un cœur d'or du poids de cent écus.

La ville perdit encore beaucoup de ses titres, lorsque la foudre tomba sur la tour de la maison de ville en 1549, et lors des troubles de religion, en 1562; quatre mille soldats, Italiens et Lorrains, en 1594, ayant forcé les tours de la porte du Change, pillèrent et brûlèrent les papiers qu'on y avait déposés.

A chaque règne, et dès l'avénement du nouveau Souverain au trône, la ville ne manqua pas depuis lors de faire reconnaître ses priviléges par le Monarque.

Louis XII, successeur de Charles VIII, passant à Chalon pour aller faire la conquête du Milanais, ratifia ces mêmes priviléges en avril 1500 par lettres-patentes[1].

---

[1] Ces lettres existaient en original à la chambre des comptes de Paris; mais un incendie qui dévora le palais dans le 18me siècle, les anéantit, et le Gouvernement, qui publie en ce moment un Recueil des lois et ordonnances des Rois de France, a dû recourir aux archives de la ville pour s'en procurer une copie.

LETTRES PATENTES DE LOUIS XII, ROI DE FRANCE.

17 Avril 1501.

Ludovicus dei Gracia Francorum Rex Universis pntes ltras Inspecturis Salutem Notum facimus quod die date pntium in iocundo aduentu et primo ingressu nro in hac nra uilla cabilonen supra sagonam tanq dominus eiusd Dilectis nris scabinis eiusd uille siue ciuitatis ipius cabilonen promisimus et tactis sacro sanctis euuangeliis jurauimus si et probe predecessores nri burgundie duces hoc ab antiquo facere consueuerunt et tenemur ipsos scabinos et coitatem dicte uille siue ciuitatis cabilonen in eorum franchisiis libertatibus priuilegiis et usibs tenere et conseruare fideliter, modo et forma quibs dicti nri predecessores eos tenere et conseruare consueuerunt Et Idem scabini pro se et comunitate predicta tactis eciam sacro sanctis euuangeliis predictis pmisernt et etiam iurauerunt q erunt nobis boni et fideles subdicti et q uillam seu ciuitatem nram predictam cum tota comunitate eiusd ad nri honorem et utilitatem bene et fideliter custodient ac facient pro viribs custodire In cuius rei testimonium nrum pntibs lris duximus apponi sigillum Datum cabiloni die septima Aprilis Anno dni milesimo quingentesimo Regni uero nri tertio. — Per Regem uobis et aliis pntibus.

Signé Demournis.

Plus tard, les Souverains sanctionnent encore ces mêmes priviléges,

François Ier, à Paris, en octobre 1516.
Henri II, à Valuisant, en avril 1548.
François II, à Blois, en décembre 1559.
Henri III, à Lyon, en novembre 1574.
Henri IV, à Lyon, en septembre 1595.
Louis XIII, en juin 1610.
Louis XIV, en avril 1644.
Louis XV, en avril 1719.

Mais les habitants de Chalon n'obtinrent pas toujours facilement du Souverain la confirmation des priviléges dont les titres étaient perdus.

« Ils furent, dit Durand, contraints de recourir aux » attestations, preuves et enquêtes. Aussi, pour pré- » venir à l'avenir la perte de ces titres, les sieurs Maire » et Échevins de Chalon, par l'advis du Conseil de » la ville, résolurent de faire imprimer aucuns des » dits priviléges restés du naufrage des dites ruines, » tant afin d'en perpétuer la mémoire à la postérité » que pour s'en servir selon les occurrences. » Un sieur avocat, M. B. Durand, fut chargé, le 1er mai 1604, de les disposer en ordre, et il publia, la même année, chez Jean des Prez, imprimeur et libraire, rue Saint-Georges, à Chalon, un volume in-4º, intitulé : Priviléges octroyez aux Maires, Eschevins, bourgeois et habitants de la ville et cité de Chalon-sur-Saone, par les anciens Roys de France et Ducs de Bourgogne,

LIBERTÉS ET FRANCHISES DE CHALON. 51

confirmez par leurs successeurs, et vérifiez ez Cours souveraines.

Cet ouvrage contient les titres suivants :

1º De la jurisdiction du Roy et du R. Évêque dans la ville et faux-bourgs de Chalon.

2º Privilége pour l'élection, authorité et jurisdiction des quatre Échevins.

3º Privilége pour l'élection, authorité et jurisdiction du Maire.

4º Privilége pour l'exemption des tailles.

5º Privilége pour l'exemption des francs-fiefs et nouveaux acquests.

6º Privilége pour l'exemption et franchise des péages, tant à Chalon qu'à trois lieues la ronde.

7º Priviléges des foires froides et chaudes.

8º Privilége du droit des inquilins.

9º Privilége pour l'octroi des amendes qui s'adjugent en la Mairie.

10º Privilége de la chasse, pesche et vain pâturage, à trois lieues la ronde.

D'après ce que nous avons vu dans le commencement de cette notice, l'ouvrage de Durand ne contient que quelques-uns des nombreux priviléges dont jouissait la ville, et l'auteur ne dit point dans sa préface la cause pour laquelle il omet de reproduire ces priviléges; on doit supposer alors que cela provient de ce que ces immunités étaient tombées en désuétude, pour la plupart, à l'époque où il imprimait son Recueil, et qu'il s'est borné seulement à donner celles des franchises encore conservées, et qui touchaient aux intérêts les plus graves de la ville.

Je ne reproduirai pas ici non plus le texte de cette série de priviléges ; l'auteur de l'Orbandale a copié textuellement l'ouvrage de Durand, page 61 et suivantes, tome II ; d'ailleurs les originaux de ces titres se trouvent presque tous aux archives de la ville. Il est à remarquer, toutefois, qu'il existe une analogie parfaite entre toutes les lettres-patentes données par les Souverains pour la confirmation de ces priviléges, dans le cours de plus de trois siècles ; leur forme est la même, et leur rédaction presque identique. Elles portaient jadis des sceaux en cire rouge aux armes de chacun des Souverains qui les délivra ; mais il en subsiste à peine quelques fragments. Presque tous ces sceaux ont été arrachés par la malveillance, et le temps a presque entièrement détruit ceux qui avaient échappé aux mains des vandales.

Louis XV est le dernier Souverain qui ait reconnu, par lettres-patentes, les libertés de Chalon. J'aurais voulu, pour ne pas allonger davantage cette notice, ne pas les reproduire ici, mais ce document, entièrement inédit, me paraît d'une haute importance pour l'histoire de la cité. Il résume, pour ainsi dire, toutes les franchises dont Chalon a joui sous ses divers Souverains, et que nous avons eu occasion de citer déjà. C'est aussi un titre de noblesse dont la ville peut, avec raison, s'é-

norgueillir ; il constate que la confirmation de ses privilèges, par le jeune Souverain, est la récompense *du zèle* et *de la fidélité* qui ont distingué *nos ancêtres*, et rappelle ce mot de Perry : « Les Chalonnois n'ont ja-
» mais manqué de cœur pour leurs Princes. »

Voici ces lettres :

« LOUIS PAR LA GRÂCE DE DIEU ROI DE FRANCE ET DE
» NAVARRE, à tous présens et à venir, SALUT. Nos chers
» et bien amez les Maire, Eschevins, Bourgeois et ha-
» bitans de notre Ville, Cité et fauxbourgs de Châlon
» sur Saone Nous ont fait remontrer que pour récom-
» pense *du zele et de la fidelité qui ont distingué leurs*
» *ancestres* dans les différentes occasions qu'ils ont eües
» de signaler leur attachement au seruice de leurs Sou-
» uerains, il a esté accordé à lad. Ville de Chalon par
» les *Ducs de Bourgogne* pendant qu'elle a *esté sous*
» *leur Domination* et par les Roys nos prédécesseurs
» depuis la réunion du Duché à notre Couronne le
» droit d'élire et d'instituer les Gouverneurs et Capi-
» taines, Maires et Eschevins de lad. Ville et des quatre
» fauxbourgs d'icelle avec leur autorité et juridiction
» dans lesd. Ville, Cité et fauxbourgs, l'octroy du
» droit des Inquilins et nouveaux habitans et des
» amendes qui s'adjugent en la Mairie, le droit de
» huitain sur le vin qui se débite et se vend en détail,
» la permission de la chasse, pesche et vain paturage

» à trois lieues à la ronde, l'exemption de tailles,
» francsfiefs et nouveaux acquests, la franchise de
» tous péages, la permission de faire tenir par chacun
» an deux foires exemptes de toutes gabelles, impo-
» sitions, traites foraines, domaniale, resue et haut
» passage et plusieurs autres droits, avantages, immu-
» nitez, prérogatiues, libertez et priuileges qui ont
» esté confirmez en différents temps par les lettres pa-
» tentes qu'en ont successivement accordées les Roys
» nos prédécesseurs et notamment les Roys Henry qua-
» tre et Louis treize et le feu Roy de Glorieuse mé-
» moire notre très honoré Seigneur et bis-ayeul au
» mois de septembre 1595, juin 1610 et aoust 1643 et
» par autres lettres patentes du huit novembre 1701.
» Expédiées en conséquence de l'arrest de notre Con-
» seil du trois aoust précédent et de celuy du quinze
» mars 1686. Pour jouir desquels droits, exemptions,
» franchises, octrois, priuileges, immunitez et préro-
» gatiues et y estre à l'avenir maintenus et conseruez
» à perpétuité; les exposants nous ont très humble-
» ment fait supplier de leur accorder nos lettres de con-
» firmation nécessaires. *A ces Causes* et pour les motifs
» et considérations qui ont donné lieu à la concession
» desd. droits, exemptions, octrois, immunitez et
» priuileges et aux maintenuës qui en ont esté ordon-
» nées en différents temps, de l'auis de notre très cher
» et très amé oncle *le Duc d'Orléans* petit-fils de
» France, *Régent* de notre Royaume, de notre très

» cher et très amé oncle *le Duc de Chartres*, premier
» Prince de notre sang, de notre très cher et très amé
» cousin *le Duc de Bourbon*, de notre très cher et très
» amé cousin le *Prince de Conty*, princes de notre sang,
» de notre très cher et très amé oncle le *Comte de Tou-*
» *louze*, Prince légitimé et autres Pairs de France,
» Grands et notables personnages de notre Royaume
» de notre grace spécialle, pleine puissance et autorité
» royalle, *Nous auons* par ces présentes signées de
» notre main *ordonné* et *ordonnons*, *voulons* et nous
» plait que lesd. Maire, Eschevins, Bourgeois et ha-
» bitans de notre Ville et Cité de Chalon sur Saone et
» des quatre fauxbourgs d'icelle et leurs successeurs
» et Postérité soient et demeurent maintenus et con-
» seruez comme nous les maintenons et conseruons à
» perpétuité en tous et chacuns les droits, exemptions,
» franchises, octrois, usages, immunitez, privileges,
» libertez, auantages et prérogatiues accordez aux Ex-
» posants et dans lesquels ils ont esté maintenus par
» lettres patentes des Roys nos prédécesseurs et no-
» tamment des Roys Henry quatre et Louis treize et
» du feu Roy de Glorieuse mémoire notre très honoré
» Seigneur et bis-ayeul des mois de septembre 1595,
» juin 1610, aoust 1643 et huit novembre 1701 cy
» attachées sous le Contrescel de notre Chancellerie
» par les arrests de notre Conseil des quinze mars 1686
» et trois aoust 1701, et par autres lettres patentes et
» arrests rendus en conséquence, encore que lesd.

» droits, exemptions, franchises, octrois, usages, li-
» bertez, auantages et prérogatiues ne soient cy par-
» ticulierement exprimez. Pour en jouir à l'auenir par
» lesd. exposants et leurs successeurs de même et tout
» ainsy qu'ils en ont et leurs prédécesseurs cy devant
» jouy ou d'en jouir en vertu desd. Lettres de Conces-
» sion et de maintenuë et autres titres qui leur ont
» esté à cet effet accordez ; Lesquels droits, exemp-
» tions, franchises, octrois, usages, immunitez, pri-
» vileges, libertez, avantages et prérogatives, *Nous*
» *auons* des mêmes pouvoir et autorité que dessus *ap-*
» *prouuez, continuez* et *confirmez, approuuons, con-*
» *tinuons* et *confirmons* par cesd. présentes, pourvu
» qu'ils n'ayent esté jusqu'à présent revoquez par au-
» cuns Edits et declarations. Sy donnons en mandement
» à nos amez [et feaux con^{ers} les Gens tenant notre
» Cour de Parlement et aydes à Dijon, Chambre de
» nos Comptes et Présidents Trésoriers généraux de
» France et de nos finances aud. lieu, au Bailly de
» Chalon sur Saone ou son Lieutenant, Et à tous au-
» tres nos Officiers et justiciers qu'il appartiendra que
» ces présentes nos Lettres de Confirmation et de main-
» tenuë ils ayent à faire lire publier et registrer et du
» contenu en icelles jouir et user lesd. Maire, Esche-
» vins, Bourgeois et habitans de lad. Ville et Cité de
» Chalon sur Saone et des quatre fauxbourgs d'icelle
» pleinement, paisiblement et perpetuellement sans
» permettre qu'il y soit apporté aucun trouble ni em-

» pêchement et nonobstant toutes choses à ce con-
» traires, *car tel est notre plaisir,* et afin que ce soit
» chose ferme et stable à toujours, nous avons fait
» mettre notre Scel à cesd. présentes. Donné à Paris au
» mois d'avril l'an de grace mil sept cent dix neuf et
» de notre Regne le quatrième.
» Signé LOUIS. »

Sur le repli est écrit : « *Par le Roy, le duc d'Or-*
» *léans, Régent, présent :* PHELIPPEAUX. » Et plus
loin, « Visa de Voyer d'Argenson pour confirmation
» de privileges aux Maire, Eschevins et habitans de
» Chalon sur Saone.
» Signé PHELIPPEAUX. »

Au bas de ces lettres est attaché, avec des lacets de soie verte et rouge, le grand sceau de France en cire verte, et en marge, le contre-sceau, également en cire verte, avec un lemnisque de parchemin. L'un et l'autre de ces sceaux sont altérés par le temps, et n'ont conservé que quelques vestiges de leurs empreintes.

Comme nous l'avons dit, Louis XV est le dernier Souverain auquel la ville ait demandé la confirmation de ses anciennes libertés. Sous le règne de ce Prince se préparait une réaction contre tout ce qui sortait du droit commun. La philosophie s'attaqua à toutes les inégalités et à tous les priviléges, et, quand sonna l'heure fatale de la royauté, l'antique constitution française, composée d'éléments si divers et si hétérogènes, s'écroula au premier souffle de la tempête ; un droit nouveau surgit bientôt des ruines dont le sol français fut couvert un instant, et ce droit, en effaçant tout ce qu'il y avait de priviléges et d'inégalités dans la condition des citoyens et des villes, leur conféra à tous les mêmes droits et les mêmes devoirs, et les soumit à la même loi. La Commune seule resta debout ; mais, si on lui a laissé quelques prérogatives, ce ne fut qu'à la condition d'être un des membres de cette hiérarchie administrative qui gère aujourd'hui les intérêts de la France.

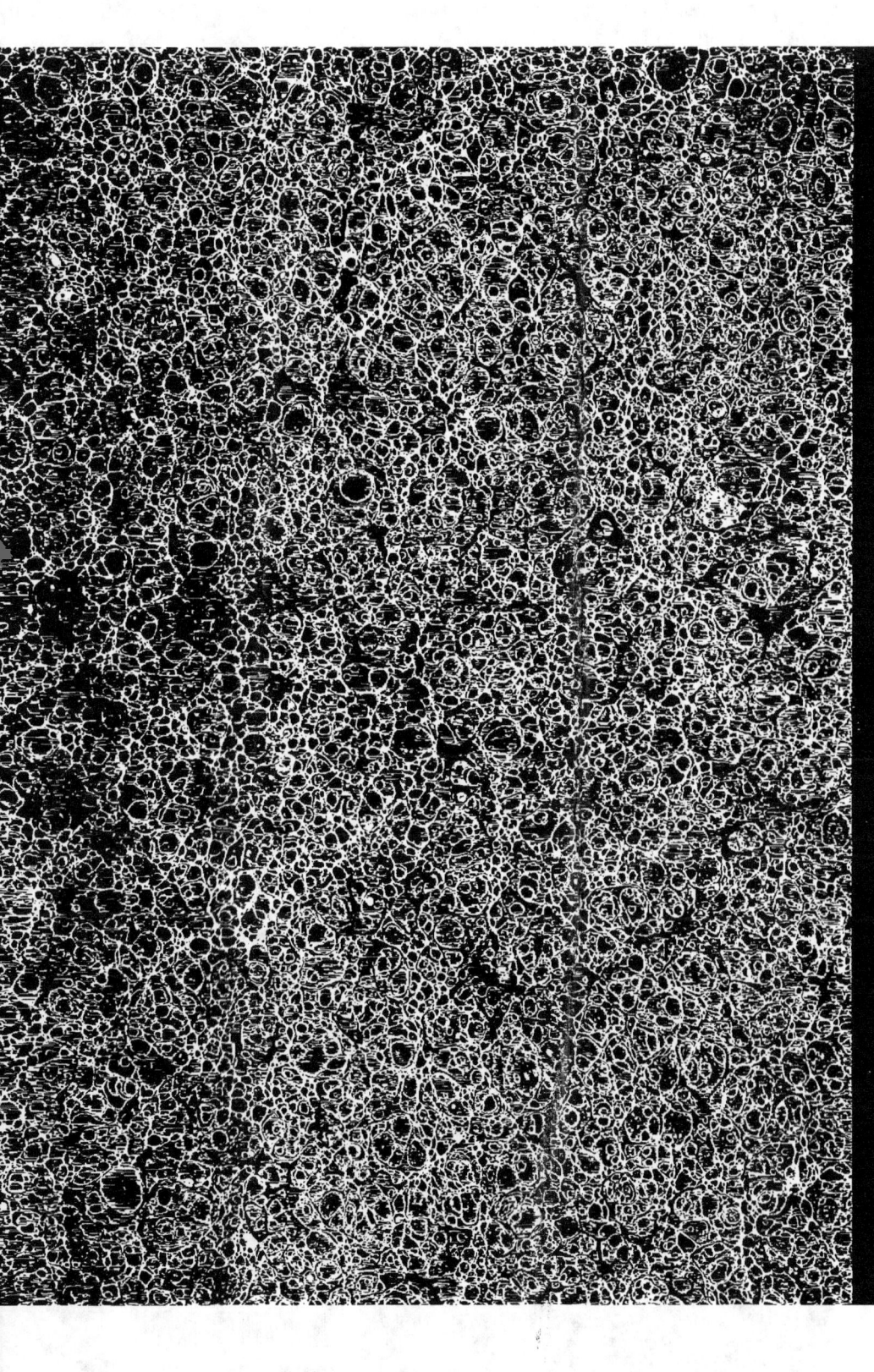

www.ingramcontent.com/pod-product-compliance
Lightning Source LLC
LaVergne TN
LVHW051512090426
835512LV00010B/2498